AF271917

LAD PENNEN SKRIVE

LAD PENNEN SKRIVE – 2. udgave

Kolofon:

Marts 2023

Forfattere:Lene Holm Hansen og Lone Rytsel

Forlag: BoD – Books on Demand, Hellerup, Danmark

Tryk: BoD – Books on Demand, Norderstedt, Tyskland

ISBN: 9788743030881

Forord fra Lone

Jeg har skrevet stort set hele mit liv, og elsker at prøve noget nyt.

Jeg siger ofte, at skrivning forløser. Det mener jeg og taler om, så tit jeg kan komme til det. Måske fordi det har betydet så meget for mig i mange år og stadig gør.

Men skrivning kan også meget andet. Den kan underholde og inspirere.

Jeg kan more mig selv, hvis jeg skriver noget, der er morsomt.

Den kan inspirere mig, hvis jeg synes, jeg mangler en god ide.

Skrivning træner derudover min skrivemuskel, og så er det næsten ligegyldigt, hvad jeg skriver.

I slutningen af december måned, sagde en kollega og veninde til mig – Lene Holm Hansen - at hun ikke rigtig kunne komme i gang med at skrive og fastholde et skrive-flow, og så blev vi enige om at skrive sammen i januar måned.

Vi skiftedes til at sende 3 ord til hinanden, som vi begge skrev på. Vi fandt ofte ordene i en bog, en avis, en roman, en fagbog, et tidsskrift eller ugeblad. Slog op på en vilkårlig side og lukkede øjnene og satte en finger et eller andet sted og valgte det ord, vi ramte. Et ord med mening eller handling i.

Den eneste regel var, at der skulle være 3 ord og helst fundet 3 forskellige steder, og vi måtte kun skrive i 10 minutter,

Det kom der nogle utrolige og forskellige tekster ud af på trods af de samme ord.

Og så besluttede vi, at når det havde været så morsom en oplevelse, ville vi samle det i en bog til inspiration for andre.

Du kan vælge at skrive alene eller sammen med andre.

For nogen vil det være godt at skrive sin egen tekst, før du læser vores udgave, for andre kan vores tekster bruges som inspiration til at komme i gang.

Det er ikke en danskbog, og der kan være enkelte stavefejl eller kommateringsfejl, for det handler om, at alle kan være med, og det er tilladt at lave fejl, og jeg påtager mig de fejl, der evt. vil være i denne bog.

Målet er at more sig, finde løsninger, nyde en pause og 10 minutter kan vi altid finde tid til, selv om vi har travlt.

Nogle tekster er ren fiktion. Andre er egne oplevelser eller en kombination og alle er helt sikkert inspireret af vores egen livserfaring.

God lystbetonet skrivning.

Lone Rytsel

Vi sælger bogen, som du kan bruge, som du har lyst til, men vi tilbyder også skrivekursus på zoom, hvor du kan mødes med andre og skrive sammen, og hvor vi læser op for hinanden og får en ekstraopgave hver gang. "SKRIV TEKSTER PÅ 10 MINUTTER."

Du kan tilmelde dig på www.sandvig-folkeoplysning.dk

Forord fra Lene

Mit navn er Lene Holm Hansen. Stor blev min overraskelse, da jeg fik denne udfordring af Lone Rytsel, om det, som hun kaldte "Når skrivning forløser". At vi ud fra 3 ord, skulle lade os inspirere til 10 minutters skrivning dagligt.

At det var så let, havde jeg aldrig troet, og denne opgave har givet mig blod på tanden, for det er virkelig nemmere end først antaget, og nøjagtig hvad man gør det til.

Lene Holm Hansen

Skriv

Fællesskab – Kontorelev - Overdragelse

Fællesskab – Kontorelev - Overdragelse

At stå uden for fællesskabet?

Hvad er fællesskabet?

Er det på jobbet?

Er det familiært?

Er det politisk?

Samfundsmæssigt?

Hvis jeg nu havde valgt at gå kontorvejen, havde jeg så været en del at fællesskabet på min arbejdsplads?

Jeg blev det aldrig på plejehjemmet, hvor jeg i køkkenet slæbte mig igennem over 3 års køkkenassistentuddannelse. Hvor min mor kæmpede sin kamp med at få mig til at møde op. Hvor hun lavede en direkte overdragelse af mig uden for døren til plejehjemskøkkenet.

Men der var en bagdør (som der tit har været i mit liv), som jeg smuttede ud af, lige så snart jeg så hendes baglygter, for kun at smutte hjem under dynerne hos min mormor, der boede i en beskyttet bolig. Hvorfor jeg ikke smuttede hjem under egne dyner, husker jeg ikke, måske fordi min mor stod som lejer af lejligheden, som jeg lejede af hende, og som hun også havde nøgle til. Hvem ved, hvad der forgik oppe i hovedet på en totalt utilfreds og rebelsk 17-årig tøs, der havde sine egne meninger om livet, og ikke delte de samme meninger som sin mor og far for den sags skyld.

Jeg blev hos min mormor til jeg vågnede, vi hyggede, og så tog jeg hjem til mig selv, og jeg er helt sikker på, at min mormor hyggede sig, men hendes mening herom, den fik jeg aldrig, for jeg spurgte ikke.

Jeg fik min uddannelse, men kun på et hængende hår, inkl. en påtale. En ting var sikkert, jeg passede ikke ind i dette fællesskab.

Havde en kontorelevuddannelse passet bedre til mig? Ikke at den var på tale på noget som helst tidspunkt. Det nærmeste, jeg nogensinde kom dette erhverv, var 6 måneder i omstillingen på Vordingborg kommune.

Men det var til gengæld også et job og et kollega-fællesskab, jeg færdedes kanongodt i. For her brugte jeg en stor del af de evner, jeg slet ikke anede, jeg havde, og som over tid skulle vise sig at være en ren gavebod af kvalifikationer.

Lene Holm Hansen

Fællesskab – Kontorelev – Overdragelse

Dagen gik på hæld. Jeg var træt. Træt af mennesker. Træt af fællesskab.

Nej, det er nu ikke rigtigt. Uden fællesskab vil der ikke være udvikling. Vi er nødt til at hjælpes ad. Vi har meget, vi skal nå, og jeg kan ikke klare det alene, men er nødt til en gang imellem at få ro til at tænke over, om vi er på rette vej.

Det er ingen lille opgave at skulle overdrage en lille virksomhed til en større koncern og helst sådan, at min lille virksomhed ikke drukner og forsvinder i den store koncern.

Det er lidt af en udfordring, men det er ikke første gang. Jeg har prøvet det, så jeg skal nok klare det. Åbenbart betyder det ikke så meget for koncernen, siden de blot sender en kontorelev.

Jeg er trods alt mere i min egen virksomhed. Direktør for en lille virksomhed er da ikke så værst,

Jeg beslutter mig for at finde en måde at beskrive det, der er helt specielt for min lille virksomhed.

Familiedrevet, fællesskab og flad ledelsesstruktur, alle har lige meget at skulle have sagt, fra rengøringsmedarbejdere til direktøren. Alle beslutninger tages i fællesskab.

Og sjældent er det nødvendigt at stemme om noget, for når argumenterne er i orden, kan vi tale os frem til enighed ved at være pragmatiske, åbne og fleksible.

Og det er muligt, fordi vi dagligt taler om vores fælles værdier og især i alle vores beslutninger.

Men det sker, at det er meget trættende, som i dag.

Lone Rytsel

Tidligere – Indgange - Aftalt

Tidligere – Indgange – Aftalt

Tidligere end aftalt åbnede indgangen sig til himlens port for Louise. Louise kiggede omkring sig og var et øjeblik slet ikke i tvivl om, hvor hun var, men som sekunderne gik, måtte hun også erkende: "Jeg er da ikke klar, det er ikke nu".

Der var ingen frygt, kun undren over, hvordan og hvorfor var hun her, som umuligt kunne være hendes tid.

Hun prøvede at tænke tilbage, men der kom ingen billeder frem fra hukommelsen, kun en fornemmelse af "afslutning"

Hun må da have forladt nogen, nogen måtte da savne hende, altså det gik hun da ud fra, ikke at hun havde fornemmelsen af savn selv, kun en fornemmelse af fred, tilstedeværelse og at være kommet hjem.

Lige som sjælen forlod hendes krop, lukkede lyset sig kærligt om hende, og sjælen tog nu tilbage, tilbage for at sige farvel.

Lene Holm Hansen

14

Tidligere – Indgangen – Aftalt

Tidligere var jeg ofte træt af aktiviteter, der var aftalt på forhånd. Ingen plads til spontanitet, alt var planlagt på forhånd. Kalenderen var fuld uden plads til udskejelser. Nu vil jeg noget andet. Her ved indgangen til det nye år, vil jeg have en blank kalender. Jeg vil have lov til at gøre, hvad jeg har lyst til, når jeg har lyst til det.

Livet er fuldt af muligheder, men når man griber en af dem, bliver man fastlåst til det, man har valgt.

Men hvad nu, hvis der pludselig viser sig en bedre mulighed, kunne man så aflyse den første og vælge den næste?

En mulighed, men der vil altid være noget nyt, der byder sig til, enten vælger man ingenting eller vælger noget til og fravælger noget andet.

Et dilemma.

Men indgangen til det nye år – 2023 – er nødt til at være anderledes end tidligere.

Kan endnu ikke køre bil.

Det fratager nogle muligheder. Jeg skal aftale at køre sammen med andre, eller det skal foregå på nettet?

Også en god mulighed.

Tidligere mange aftaler, gode vaner, tryghed, men måske også stress.

Nu ingen aftaler, ingen vaner, utrygt, men fri for stress.

Hvad vælger jeg?

Lone Rytsel

Livet - Attraktiv - Sammenhæng

Livet - Attraktiv – Sammenhæng

Når livet lægger hårdt ud, og jeg får følelsen af kviksand, rundkørsel, bump og op ad bakke, så føler jeg mig ikke særlig attraktiv.

Øjnene mister deres glød, huden bliver tør, og kroppen hænger direkte og siger, "jeg er træt" eller måske den siger "jeg opgiver" og midt i al dette kaos, få jeg måske et blik i spejlet, hvor billedet viser, at selv tøjet har mistet sin stemmeret, og er blevet noget "neutralt" i det.

Hvordan kom jeg egentlig hertil, hvor var de første alarmklokker og tegn?

Kørte jeg for længe i samme spor, og måske ovenikøbet i yderste spor, og overhalede alt det, der måske ikke var til min fordel? Eller var det meningen, jeg skulle stå her i dag, bare for at mærke livets anden side, den side der kommer, når der ikke er sammenhæng mellem at tage og at give, for disse 2 handlinger er lig med balancen i livet.

Hvis jeg ikke giver tid til mig, og kun maser derudaf, så mister jeg mig, og i mig ligger der en meget feminin side, der meget gerne vil føre sig frem og føle sig attraktiv.

At være og føle sig attraktiv, det tiltrækker meget mere af det lette og gode, men det kan kun komme igennem, når jeg lige stopper op ved busstoppestedet for et hvil, inden jeg suser derudad igen. Lad os kalde det "jeg netter mig lige" eller "jeg går lige ud og pudrer lige næsen."

Hvad skal der egentlig til, for at jeg indfører et pudre-næse-pitstop i min hverdag?

Lene Holm Hansen

Livet – Attraktivt – Sammenhæng

"Åh – hvor livet ikke er særlig attraktivt"

Men hun havde ikke mod til at gøre noget ved det.

Sanne lå i sengen og talte højt med sig selv. En vane hun havde tillagt sig i den senere tid.

Der var sket så meget. Hun kunne ikke overskue noget mere. Fyret fra jobbet, kæresten skredet, økonomien lige til rotterne. Hun blev snart smidt ud af lejligheden.

Det modsatte af flow. Det var som om, at når der skete noget skidt, så skete der hurtigt noget mere skidt. Det var som om, der var et sammenhæng.

Hun tog sin telefon frem. Hun turde ikke begynde at spille, for hun vidste, at hun ikke ville kunne stoppe.

Med alt det, der var sket for hende for nyligt, var det alt for farligt, så havde hun nok ikke heldet med sig.

Hun gik ind i Facebook. Intet interessant. Ingen venner, hun gad "like."

Pludselig fangede et oplæg hende.

Hvorfor ikke tjene nogle lette penge med en lille indsats? Tjen 1.000 kr. på to dage. Hun kontaktede det telefonnummer, der stod, og hun fik at vide, at hun blot skulle opgive sit banknummer, så ville der blive sat 2.000 kr. ind på hendes konto, og hun fik lov til at beholde de 1.000 kr.

Det var der ingen fare ved. Hendes bankkonto var gabende tom, så der var ingen risiko for, at de kunne stjæle hendes penge, og var det et nummer, kunne hun jo bare ændre sit kontonummer, hvis det skulle lykkes hende at skaffe et arbejde igen.

Det ville hun prøve.

Lone Rytsel

Skriv

Korttidshukommelse – Gøremål - Tunnel

Korttidshukommelse – Gøremål - Tunnel

Han gjorde det igen, kom det glødende cigaretskod i bukselommen, som kunne ligge og gløde, for der at lave brændemærker i hans bukser og på det bare skind inde bag ved.

Han reageret ikke på disse brændemærker, eller røgen fra bukserne, for han var forsvundet ind i den tunnel, som kun blev dybere og dybere, og vejen tilbage til lyset blev mere og mere begrænset.

Det var startet med de små glemsomheder, så som den dag han skulle hæve 2000 kr. ved pengeautomaten, og han pludselig ikke kunne huske, hvordan 2-tallet så ud.

Han følte sig så fjollet, for 2000 kr. var jo det han fast hævede hver uge, så hvorfor kunne tanke til handling ikke fungere nu?

Han havde den dag en masse gøremål, og havde ikke tid til stressen, som denne forvirring udløste. Derfor hævede han 3000 kr. det ville hjernen gerne være med til. "Puha" tænkte han, "så var det bare en simpel korttidshukommelse relation, og intet at være nervøs for".

Men sådan gik det ikke, og handlingerne blev kun værre og værre, og korttidshukommelsen og diverse daglige gøremål blev til et kaos. Vejen mod den mørkere og mørkere tunnel blev hverdag og lyset forsvandt, og askebægret endte til sidst samme sted som skodderne, for det var, hvad hjernen fortalte ham, og det var det eneste han havde med fra lyset, ryge, og tømme askebægret efter sig.

Lene Holm Hansen

Korttidshukommelse – Gøremål – Tunnel

- "En husmor har mange gøremål,"

sagde Gitte til sin veninde, da de sad i bilen på vej til det nye indkøbscenter i Bergen.

- "Først skulle jeg have min søn op af sengen, Han skal vækkes 3 gange, før han er så vågen, at jeg kan hjælpe ham ud på badeværelset, så skal jeg koge vand til te, og den skal forberedes på en helt speciel måde. Tepotten skal opvarmes, og teen skal tages op med en gammel sølvske for at smage rigtigt", siger min søn, "og så skal jeg lave kaffe til min mand, der absolut foretrækker kaffe lavet på en Madam Blå, som hans mor gjorde, og så skal den tragtes 3 gange og gudnåde og trøste mig, hvis jeg har sprunget over, og det har jeg nok gjort 2 gange".

- "Heldigvis har jeg fundet en metode, så jeg ikke behøver at bage boller lige fra bunden af, og hverken min mand eller søn, har opdaget, at jeg svigter, for de dufter dejligt de frosne, jeg har fundet".

- "Sig mig engang",

Gitte blev afbrudt af veninden.

- "Din mand er gammel, ved jeg. Men er din søn ikke også det"?

- "Nej, han er kun 39 år".

- "Gisp, så kan jeg godt forstå, at du synes, en husmor har mange gøremål. Er han ikke for gammel…"

- "Uh! pas på. Nu kommer der en tunnel".

- "Ja, det kan jeg godt se, men hvorfor siger du det"?

- "Jeg kan ikke lide at køre igennem en tunnel. Kan du ikke huske vores veninde – Gerda – der kørte galt i en tunnel"?

- "Nå, ja – hvad var det, der skete"?

- "Ingen ved det, men hun havde fået nogle problemer med korttidshukommelsen, så de mener, hun måske blev lidt konfus, og havde glemt, hvad hun var i gang med".

Der kom en pause i samtalen, indtil de kom ud af tunnelen og Gitte tænkte, at det var heldigt, at hun blev afbrudt, så hun ikke skulle forklare, hvorfor hun elskede at forkæle sin søn.

Lone Rytsel

Tilrøget – Smiler - Balance

Tilrøget – Smiler – Balance

Hun stod og så ud over dalen med bjergene langt ude bag ved, et smukt syn der kun fik smilet frem på hendes læber.

Al den skønhed hun var omgivet af, og lige nu, som hun stod der, var hun fuldstændig alene. Hele verden var hendes, ja altså lige den plet hun stod på her.

Hun ville ønske mange andre end hun, kunne se det samme som hun stod og så nu, for jorden var rund, fyldig, og en mega skønhed. Men der manglede balance, balance i menneskets give og modtage tendens, men de fleste så ud til at gå rundt inde i deres egen tilrøgede osteklokke, og overhovedet ikke interesserede sig for verden uden om. Jo selvfølgelig var der mennesker, der kæmpede for en bedre verden, men lige som bjergene helt langt derude, så besteg de også en masse modstand mod en bedre jord.

Hvorfor er det mon så svært at få folk til at se ud over deres egen næsetip?

Hun vendte bjergene ryggen, og forlod pletten som et kort øjeblik havde fyldt hende med glæde, taknemlighed, og mod.

på, at noget eller nogen ville ændre på den balance, der ville få menneskets ego på bedre veje, og ud af disse tilrøgede osteklokker.

Lene Holm Hansen

Tilrøget – Smiler – Balance

Hun sad i det tilrøgede lokale og tænkte på, at det var godt nok mange år siden, hun havde gjort det.

Nu var der rygeforbud alle vegne i Danmark. Hun kunne huske dengang, hun var barn og blev tvunget til at være passiv ryger, fordi både hendes far og mor røg, og det var ikke bare cigaretter, men også cerutter. Hun syntes, det lugtede nederdrægtigt, men vovede ikke at sige noget.

Nu genoplevede hun det igen og kunne ikke lade være med at smile, for hendes barndom havde været god. Hun var vokset op i et hjem, hvor der var balance mellem pligter og leg.

Hun skulle vaske op efter aftensmaden hver dag, og om lørdagen var det hendes opgave at støvsuge stuen, tørre støv af og vande blomster.

Hun smilede igen, for hun kom i tanke om, hvor meget hun blev rost, fordi hun passede sine pligter, Måske var det derfor, hun var nået så langt i sin karriere.

Nu kunne hun rejse hen, hvor hun ville og i den lille klub, hvor hun sad nu, kunne hun nyde at blive mindet om sin barndom, men godt hun ikke var nødt til at bo her.

Hun skulle tilbage til Danmark i morgen.

Men da hun kom udenfor nogle timer senere, gik det op for hende, hvor meget hendes tøj lugtede af røg. Hun blev nødt til at skifte tøj, inden hun tog til lufthavnen.

Lone Rytsel

Skriv

Partner – Tanker - Ejer

Partner – Tanker – Ejer

Igen var hans opmærksomhed på mig "Hvad laver du"? mens han let bankede på den låste dør.

"Skider" sagde jeg, for jeg var gået på wc, ikke kun for at lave hvad man nu laver der, men også for at få fritid fra min partners evige spørgen: "Hvad laver du"?

Jeg havde fået fat i en fyr, der åbenbart havde svært ved, at jeg havde en tildens til at forsvinde ud af hans øjesyn, som man nu gjorde, når naturen kaldte.

Jeg havde engang hørt én sige "Du ejer selv 15% af dine tanker, resten deler du med din partner og andre".

Og ham her, han mente åbenbart, at alle 100% af mine tanker var hans, og dem havde han ejerskab over.

Hvor meget ejer vi egentlig selv i et parforhold, eller som her, hvor han kun var et eventuelt kærestepotentiale?

Jeg tog her 100% ejerskab over mig og mine tanker, men delte alligevel 0,2 %, altså dem der var kommet frem til "Det bliver ikke dig og mig Knud, farvel og tobak for denne gang".

Det var lige på og hårdt, men denne her gik altså ikke, for tænk hvor mange gange vi forsvinder ud af hinandens øjesyn, og så skulle jeg stå til ansvar over for min partners trang til at eje mine tanker. "Nej tak".

Lene Holm Hansen

Partner – Tanker – Ejer

Søren og Peter var partnere i mange år. De havde bygget en lille virksomhed op sammen, hvor de gjorde rent for folk, og efter nogle år fandt de ud af, at det var en god forretning, der kunne udvides med at tilbyde handyman-opgaver. Hænderne var skruet rigtig på dem begge to, så det var oplagt.

De gjorde sig mange tanker om, hvad de skulle kalde deres firma. Det skulle være et rigtig godt navn. Et navn, der fængede med det samme. Kvikt og let at udtale og stave.

De besluttede, at de ville bruge tid på og hygge sig sammen, så hver lørdag aften mødtes de med deres familier omkring lækker mad og god vin.

"Rent hus" – "Ren hygge" – "Rengøring for alle" – "Gulvmoppen" – "Gulvkluden". Det sidste kunne de begge to godt lide, men opdagede, at det var der et andet firma, der ejede.

Så de fortsatte med at gøre sig tanker om et godt navn. Og de fortsatte med at mødes omkring en god middag og de skiftedes til at tage rødvin med, og de blev helt gode kendere af vin.

"Rengøringspigerne" – "Mopperne" – "De nye rengøringstjenere". De kunne ikke blive enige, så det endte med, at det blot blev "Søren og Peter gør rent for jer." Kunderne fandt det morsomt, fordi det var 2 mænd.

Men da de så skulle udvide firmaet med handyman-opgaver, begyndte de igen at gøre sig nye tanker, og lige lidt hjalp det.

"Reparationsdrengene" – "Hammerdrengene" – "Tømrerholdet". De kunne stadig ikke blive enige, så det blev til "Søren og Peter gør rent og reparerer for jer."

De fik masser at lave, men de mistede lidt af lysten, da de ikke længere skulle bruge mange hyggelige timer på at finde et godt navn, så de beholdt navnet "Søren og Peter gør rent og reparerer for jer."

De fastholdt alligevel at mødes lørdag aften, og så blev det til at spille bridge sammen.

Lone Rytsel

Skriv

Akut – Afsluttet – Cirkusprinsesse

Akut – Afsluttet – Cirkusprinsesse

Hun kiggede ned af sin krop, ikke just det bedste syn, der mødte hende, og det hele havde set meget bedre ud, for et øjeblik siden.

Hun startede sit liv som cirkusprinsesse for 20 år siden. Kun i en alder af 2 år, fik hun den første hulahopring i hånden, og skemaet blev lagt for dagens øvelser. Øvelser hver dag blev ret hurtigt hendes normale liv. Hvad skolen angik, så var det hjemmeundervisning, og om hendes liv havde været ensomt? Det vidste hun ikke noget om, for hun kendte ikke til andet, men lige nu føltes det ensomt, for hun sad i en akut situation. Den dag, hun troede, lå meget længere fremme i hendes liv, og slet ikke set komme, at hendes krop var blevet enig med sig om, at hendes karrierer som cirkusprinsesse hermed var afsluttet.

Hun glemte at få foden med sig, da hun hang oppe under teltet, og skulle slippe et reb, for så at gribe det næste.

Hvad der derefter skete, vidste hun ikke, kun at hun hørte det knæk, der kom, og mærkede hele kroppens reaktion.

Hvordan kunne det dog ske? Fuldstændig som om hendes krop bevidst havde truffet et valg uden om hende selv.

Kunne kroppen mon det?

Lene Holm Hansen

Akut – Afsluttet – Cirkusprinsesse

Bedstemor sad og fortalte om cirkusprinsessen.

Tvillingerne sad åndeløst stille. En spændende fortælling om en baby, der blev fundet uden for kirken, og som blev adopteret af en cirkusfamilie,

- "Bedstemor, er det en rigtig historie"?

Peter var altid den af tvillingerne, der var mest skeptisk,

- "Naturligvis Peter, du ved jo, at jeg aldrig lyver".

- "Men du siger, at hun var cirkusprinsesse i mange år, og så blev hendes karriere slut".

Tvillingerne var udviklet langt udover deres alder. Måske fordi de var tvillinger. Deres kammerater kendte sikkert ikke ordet karriere.

Bedstemor fortsatte med at fortælle.

- "Hendes karriere som cirkusprinsesse blev brat afbrudt, da hun blev syg en dag, hvor de havde fejret hendes fødselsdag".

- "De havde fået boller og lagkage, men hun blev dårlig og kastede op i flere dage, indtil hun blev indlagt og akut opereret for tarmslyng".

- "Hun blev vist desværre ikke sig selv igen, men fandt sig en dejlig mand og fik 11 børn".

- "Bedstemor. Du har da også 11 børn".

Igen var det Peter, der afbrød.

- "Er det dig, der har været cirkusprinsesse"?

- "Tja, hvad tror du selv"?

Bedstemor smilede skælmsk.

Lone Rytsel

Skriv

Hjælpen – Drømmen - Genstande

Hjælpen – Drømmen - Genstande

Hver gang jeg rakte hånden ud efter drømmen, var det som om den flyttede sig, drømmen om en succesfuld karriere.

Intet lykkedes, og for hvert skridt jeg tog fremad, blev jeg sat 2 tilbage, og kunne starte forfra igen. Altså ikke helt forfra, men det føles sådan, som om det bare ikke skulle lykkes.

Når jeg søgte hjælpen de rette steder, fik jeg svaret "Du vil det ikke nok." Måske søgte jeg hjælpen det forkerte sted, eller havde de ret? Ville jeg det ikke nok, eller gjorde jeg det bare på den forkerte måde. Med den forkerte intention, for hvad ville jeg egentlig med denne vej, som jeg var ved at gå ud af nu?

Penge, den var helt sikker, for de vil gøre livet lidt nemmere. Egentlig er der intet galt i at ville tjene dem, men hvorfor? til hvad? og hvordan? Det er nok mere her på denne konto, der trænger til et gennemsyn, og en ærlig snak med mit dybere jeg. For hvad er det egentlig jeg vil med den drøm, den succes og de penge? Hvis jeg ikke rigtig ved dette, hvordan skal succesen så indtræffe, og komme min vej forbi?

Hvis jeg ikke rigtig ved, hvad jeg vil, hvorfor og hvad pengene skal bruges til?

Før jeg kom ind i livets dybere meninger og dets værktøjer kunne jeg godt nyde et par genstande eller flere ved festlige lejligheder, men efter jeg har set, at ethvert skridt. vi tager på vores vej, er livets lektie og værktøj, så er lysten til hygge og festlige genstande fuldstændig væk. Det er til tider lidt ærgerligt, for hvor var det fedt med en pose chips, et glas vin og en god film. Men nu bliver det kun til god film.

Hvorfor så det?

Ja det må du nok spørge om, men det er fuldstændig som om, at jo mere der er behov for at lytte og finde vejen og svarene, jo renere en tilstand har krop og sind behov for at begå sig i.

Ikke at vejen er blevet nemmere, nok tværtimod, men indsigterne er mere klokkerene (til tider) og det er nok den største gave, at diverse hygge genstande helt og holdent forsvandt ud af mit liv, og i stedet blev erstattet af kaffe. Selv chipsene forsvandt, for de smager altså ikke rigtigt sammen med kaffen.

Lene Holm Hansen

Hjælpen – Drømmen – Genstande

Der lå flere forskellige genstande på mit sofabord, Jeg prøvede at fokusere for at finde ud af, hvad det var og hvorfor, de lå der.

En grøn dims med nogle røde striber. Jeg kunne ikke finde ud af, hvad det var. Tog det op i hånden. Måske hjalp det. Den vejede ikke så meget. Lidt rund, men også nogle skarpe kanter. Det sagde mig ingen ting, lagde den ned igen, gik videre. Her var nogle tynde pinde der var lagt oven på hinanden, lagvis på kryds og tværs. Det mindede mig om noget, jeg havde leget med en gang, noget kreativt, noget kunstnerisk, måske var det kunst, og ikke noget brugbar, men i min erindring, var de blevet brugt til noget, et slags spil. Jeg prøvede at flytte lidt rundt på dem for at se, om jeg blev klogere.

Jeg opdagede, at pindene skiftede farve, når man flyttede på dem. Når man drejede på dem, var de skiftevis grønne og blå. Hvis jeg lagde dem vandret, var de blå, hvis jeg lagde dem lodret, var de grønne. Hvis jeg lagde dem på skrå, blinkede de skiftevis grønt og blåt. Kunst?

Måske, men hvorfor have noget liggende på mit sofabord, der ikke kunne bruges til noget. Det lignede mig ikke.

Jeg er meget rationel, jeg gør kun noget, der er mening i. Ingen mening i at lægge pinde frem og tilbage og se, hvordan de skiftede farve, smukt. Faktisk lidt sjovt, lidt udfordrende, hvor mange forskellige, jeg kunne skabe, måske var her hjælpen til at afhjælpe min stress.

Pludselig gik det op for mig, at det var ved at blive lyst, jeg havde siddet og leget med de små pinde hele natten. Øjnene faldt i. Jeg blev meget træt og lagde hovedet på puden og faldt i søvn. Næste morgen vågnede jeg forvirret i sofaen. Huskede de små pinde, men det måtte have været en drøm. Drømmen var borte. Sofabordet var tomt.

Lone Rytsel

Skriv

Uskyldsren – Skadedyr - Hemmelighed

Uskyldsren – Skadedyr - Hemmelighed

Hun var ren som en engel, det var folks mening om hende, men jeg vidste bedre, for jeg kendte hendes hemmelighed.

Uskyldsren, var det ord de også brugte, når de omtalte min søster, "uskyldsren." Hun var absolut hverken, ren, uskyldig eller en engel, men ingen troede på mig, når jeg prøvede at vise dem et helt andet billede af min søster.

Janne hed hun, som i min mors fantasiverden var det tætteste danske pigenavn efter Jeanne d'Arc, hende der døde som jomfru og helt. "Jeg brækker mig" altså, når jeg hører disse historier, for min søster er absolut slet ikke tæt på at nå hende krigshelten fra 1500-tallet til sokkeholderne.

Det bedste min søster ved, er at gå på krabbe jagt med sit fiskenet eller egentlig vores fælles fiskenet, for at fange masser af de skaldyr der kravler rundt på bunden af det lave vand i vores lille havn.

Når hun så fanger dem, så tror hun pludselig hun er blevet dyrlæge, altså sådan en af dem, der må skære i dyret.

Disse skaldyr ved bare ikke at Janne hverken er dyrlæge, har erfaring, eller har den bedste hensigt.

Hun er MORDER, og ingen ved det, for hun er lynhurtig til at smide beviset, som her er skaldyret ud i havnen igen. Der kan de så ligge med åbne sår og lide langsomt, indtil døden indtræffer.

Engel, uskyldsren, min søster, "Nix" hendes hemmelighed er mørk, mørk som den krig Janne d'Arc udkæmpede.

Måske de så alligevel har noget til fælles?

Lene Holm Hansen

Skadedyr – Hemmelighed – Uskyldsren

Alle oplevede hende som en uskyldig ung pige, altså uskyldsren. Et underligt ord, men det var, hvad der kom til at stå på hendes gravsten.

Hun døde ganske ung, men på mystisk vis. Hun var kun 13 år, da hun begyndte at arbejde nede hos cykelhandleren. Hendes mor undrede sig over, hvorfor hun altid var nede hos Per, som cykelhandleren hed.

Hun kendte ham selv ganske godt. De havde gået i skole sammen, og han var charmerende og dygtig med sine hænder, men skolen var ikke noget for ham. Hun havde altid holdt meget af ham, men hun var ikke sikker på, hun syntes om datterens fascination af ham.

Der var ikke så mange, der købte cykler mere, så han havde fortalt hende, at han var nødt til at have et bijob. Det var som skadedyrsbekæmper. Det var et godt arbejde, som reddede økonomien for ham.

Han havde mange giftsager stående på en hylde i et lille skab, og han vidste godt, han skulle have det låst inde i sikkert skab, men der kom jo ikke nogen hos ham medmindre, han selv var der.

Der var selvfølgelig Beates datter, men hun var en klog pige, og han havde fortalt hende, at hun ikke måtte røre ved nogle af de flasker, han havde stående inde i det lille skab. Og han vidste, at når hun lovede det, så ville hun holde det. Hun var så smuk og så uskyldig.

En morgen vågnede han ved et ordentligt brag. Han sprang ud af sengen og kiggede ud ad vinduet. Ikke noget at se, men døren til værkstedet stod åben. Han tog tøj på og gik over for at se, om der var sket noget.

Døren var brudt op, men alle cyklerne var der og værktøjet hang på sin plads. Han gik rundt og så sig omkring. Og uden at tænke over det, åbnede han skabet, hvor han opbevarede sine giftsager i og opdagede, at der manglede noget rottegift.

- "Mærkeligt".

"Hvem bryder ind hos en cykelhandler og stjæler rottegift"?

Han rystede på hovedet og gik i seng igen og glemte næsten alt om det, indtil han en dag tænkte:

- "Underligt – jeg har ikke set Beates datter i flere dage".

Den uskyldsrene unge pige, tog hemmeligheden med sig i graven.

Lone Rytsel

Lytte – Yoga - Magic

Lytte – Yoga - Magic

Jeg har hørt den så tit "Lyt, tænk og tal", for en af de ting jeg har (havde) svært ved er "At lytte", for hjernen kører så stærkt her oppe på 1. sal, altså i hovedet på mig.

Her tænkes hurtigere end jeg taler, så når jeg siger noget, så er min hjerne allerede længere fremme, og det kan betyde "Volapyk" for nogen, for andre "hun er ukoncentreret" Eller helt andre meninger.

Én sagde engang til mig: "Det du kan der, er helt unikt, altså hvis du formår at bruge det rigtigt".

Jeg fattede intet af, hvad hun mente, og det er først her rigtig mange år efter, jeg forstår hende. Spørgsmålet er bare "Hvordan integrere jeg denne evne ind i mit liv, min hverdag, og hvad siger mit ego- og kontrolgen så til dette nye tiltag?

For det jeg egentlig gør, er at lade mit højere selv tale, og når der tales der fra, så ryger beskederne hurtigere igennem, inkl. den billedstrøm jeg befinder mig i, end jeg nogle gange selv fatter, eller er bevidst om. Bevidst om det, er jeg absolut ikke. Altså ikke før nu, men det er ikke det samme som at jeg ved helt endnu, hvordan jeg bruger det optimalt og mere struktureret.

Hvis jeg lytter, så vil jeg også her være i en dybere kontakt med kilden til alt, der er for mit bedste "Så for eksempel yoga" Den del, der ikke lytter, gider ikke yoga, for der går alting så LANGSOMT, og mit hoved og kroppen gider ikke langsomt.

Men når det så er sagt, så er jeg ved at gennemskue mig selv, og den del der styrer mig, og kan nu godt se effekten af at LYTTE, gå til YOGA. For det er lig med MAGIC, og hvem vil ikke gerne have mere af det i sit liv.

Så det hun sagde dengang er: "Vær i nuet, og følg din intuition", for det er den, der kanaliser alt, hvad jeg har brug for, og den der vil lede mig på vej. Når jeg åbner dertil, så eskalerer kreativiteten, nøjagtig som når jeg skriver. Deri ligger kilden til magiens overflod, alt dette bare ved at lytte og ikke tænke så meget.

HVOR SVÆRT KAN DET EGENTLIG GØRES?

Lene Holm Hansen

Lytte – Yoga - Magic

Hvor er det nogle gange svært at lytte.

For hvem skal jeg lytte til?
Mig selv?
Min mand?
Min kloge datter?
Mine kreative og kloge veninder?

Eller måske hellere min skytsengel?

Han er magisk. Han kan tilkaldes i mit morgenbad. Han udstråler ro, glæde, kærlighed og viden.

Han er klog. Har aldrig givet mig et forkert råd. Men kan jeg bruge ham til at tage beslutninger?

Hvis jeg tænker på, om det vil være godt for mig at starte til yoga eller en anden form for genoptræning, kan jeg ikke finde svar på spørgsmålet ved at lytte til mig selv.

Men hvad vil min skytsengels sige?

"Du skal gøre det, der giver dig glæde, fordi din krop får det bedre. Du kan lide at bevæge din krop i rolige bevægelser, du elskede træningen og øvelserne i jazzballet for mange år siden. Måske kan du sammensætte nogle øvelser pakket ind i en musik, der kan hjælpe dig,"
Jeg skal huske at finde et fast tidspunkt, hvor jeg kan gennemføre min egen genoptræning. Er sikker på, at det er et klogt råd, men vil jeg følge det? Kan jeg tage det til mig som min egen beslutning?

Men hvad med andre beslutninger?

I dag læste jeg på facebook, at forfatteren Majbritte Ulrikkeholm skrev, at hun ofte svarede, at hun lige ville mærke efter, hvis nogen ville have hende til noget, men nu besluttede hun, at hun fremover ville bruge 2 kloge ugler og så næste gang sige: "Det skal jeg lige tænke over".

Lyder som en god ide, hvis man er vant til at sige ja til alt, uanset, at man hellere vil sige nej?

Jeg vil sige, jeg lige skal tale med min skytsengel, men så er der vist mange, der ikke vil tage mig alvorligt, hvis det fx er biblioteket, der tilbyder mig et foredrag.

Jeg kunne også sige, at jeg lige skal konferere med min kalender, men nu har jeg lige besluttet mig til, at jeg ikke længere vil lade mig styre af en kalender.

Så kan jeg sige, at jeg vil tænke over det og sove på det, før jeg siger ja.

Men jeg kunne også sige, at jeg gerne vil sove på det. Så har jeg også været i bad og behøver ikke at være en "underlige snegl", der taler med sin skytsengel.

Lone Rytsel

Manipulation – Snefnug - Video

Manipulation – Snefnug - Video

Jeg er lige trådt ud af min nevøs hyggelige kaffeselskab, hvor en af vores temasnakke var "Online generationen" og hvor meget manipulation, der er inden for den verden.

Her tror nogle mennesker virkelig på, de har så mange venner som der står under linjen "venner" De manipuleres til at tro på noget, som ikke er en virkelig faktor, altså du har i virkeligheden ikke disse venner fysisk.

Hvor går grænsen for venner, bekendte og dem der bare krydser ens vej? Og hvad er onlinevenner? nogen du aldrig har set, mødt eller er i dialog med, andet end måske et "like" på et opslag?

De eller du for den sagsskyld, har "liket" en video, som talte til dig, eller til dem, er i så venner grundet dette "like"?

Hvad er venner?

Hvad er bekendte, og hvornår er man det ene eller det andet?

Jeg gik engang i fotoklub, som jeg var rigtig glad for, men efter den første fotokonkurrence, meldte jeg mig ud, for samtlige vindere (de første 10 billeder) var manipuleret i fotoshop.

Forstil jer et snefnug der daler ned, som vi alle ved er fascinerende, ret så hyggeligt og smukt. Dette fnug vinder fotokonkurrencen, fordi der er rettet så meget i form, farver, ja sågar i landskabet omkring, måske ved en solnedgang, som slet ikke var der, da billede blev taget.

Vi manipuleres til at tro på denne virkelighed, og så vinder denne nye virkelighed, som måske slet ikke gavner os eller gør den?

Hvor blev evnen af, til at indstille dit kamera rigtigt og være god til at tage øjeblikkets billede, uden at rette på den skønhed der nu ligger i dine evner til at se øjeblikkets billede?

Uanset om det er online eller et simpelt fotokursus, så kan vi mennesker virkelig manipuleres med, hvis vi altså vil, for valget er vores.

Lene Holm Hansen

Manipulation – Snefnug – Video

Der var små snefnug på ruden, da jeg bakkede bilen ud ad carporten. Det var blevet midnat, da jeg var på vej i seng, men pludselige havde jeg fået en tanke,

Jeg måtte derud, jeg var nødt til at tage derud. Jeg var pludselig kommet i tanke om den video, jeg havde set af en fejltagelse.

Måske var det en fejl - måske ikke? Den var lagt blandt mine ferievideoer.

Natten var bælgmørk. Jeg måtte sætte hastigheden ned, sigtbarheden var meget lille.

Jeg huskede tydeligt, at jeg skulle køre til den første rundkørsel, efter jeg var kommet igennem byen.

Der var den. Nu skulle jeg til højre. Jeg så videoen for mig. Ganske klart og tydeligt. Nu var det tredje vej til højre.

Jeg kørte langsommere og langsommere. Mit hjerte hamrede i kroppen.

Jeg vidste præcis, hvad der ville ske, når jeg nåede frem. Jeg havde jo oplevet det før. Jeg havde mærket det på min krop, som syle, der borede sig ind i hjertet på mig.

Jeg drejede rundt om hjørnet, og så var jeg der. Og der stod han, midt i de mange snefnug. Stor og bred. Var det hypnose eller ren manipulation?

Jeg vidste det ikke. Men jeg var lykkelig. Sprang ud af bilen og ind i hans favn.

Lone Rytsel

Skriv

Snestorm – Fuldmånen - Rytter

Snestorm – Fuldmånen - Rytter

Jeg kiggede så langt øjet rakte. "Sne." Sne over alt, og det så ud til, der ville komme meget mere, og mere sne var lige nu mit største problem. For mere sne betød, sletning af skovstien, den sti der skulle føre mig tilbage til p-pladsen, hvor min bil holdt.

Jeg havde lige været et smut på familiebesøg og ville gå i skoven efter gran til julens hygge. Jeg vidste godt, at en snestorm var på vej, men ikke så hurtigt.

Havde jeg nu haft min hund med mig, så havde jeg kunne sige "Find mors bil", og han havde vidst hvilken retning, vi skulle gå ud fra vores tidligere spor.

Men han var jo derhjemme, og lige nu havde jeg aldrig følt mig mere alene end jeg gjorde nu, for selv min mobil lå i bilen. Hvilket tossehoved lod også sin mobil blive der?

Solen og lyset. Er der ikke noget med, jeg kan guide mig selv via denne model?

Hvordan var lyset, der hvor jeg parkerede, i forhold til den sti jeg gik ud af? Jeg fik ikke rigtig noget svar, for det havde jeg jo ikke rigtig lagt mærke til.

Et nyt problem stødte nu til. Mine støvler var ikke egnet til sne, og våde forhold, så nu kunne jeg mærke mine strømper var våde. Jeg stod virkelig i større problemer end jeg lige ville vide af, for jo mere jeg gav min situation fokus, jo mere spredte panikken sig.

Ingen ide´ om hvilken vej, ingen mobil, våde strømper og sko, og bare mere og mere sne, hvor selv vinden nu tog fat.

Fuldmånen var på vej op, og lyste til mig der ude i horisonten, hvor jeg kunne skimte lysændringen igennem de bare grene. Samtidig mærkede jeg kulden mere og mere snige sig ind under min frakke, og det lette tøj jeg havde på og som absolut ikke var særlig gavnligt i dette vejr.

Jeg undrede mig over, hvor langt ud jeg var kommet, men også over jeg stadigvæk stod stille samme sted, eller ikke helt stille, for mine fodspor viste tydeligt, at jeg gik i ring samme sted.

Jamen jeg vidste jo heller ikke hvilken vej jeg skulle gå tilbage, før jeg fik øje på 2 stier, hvor en var foran mig, og en bag ved.

Altså 2 muligheder, hvor den ene var den rigtige, men hvilken var det så?

Jeg bad en stille bøn op til den eller dem der nu gad høre på mig, for det var ekstrem vigtigt, jeg nu fandt vejen tilbage. Ud af ingen ting, kom en rytter.

En rytter, hvis silhuet viste en høj og rank hest, som gik meget majestætisk, og på den sad der ligeledes en rank person, med brede skulder og en bredskygget hat. En cowboy var min første tanke, men den slog jeg selvfølgelig hurtig ud af hovedet igen.

"Hallo" råbte jeg, "Jeg er faret vild, og behøver hjælp tilbage til min bil".

Rytteren stoppede og vinkede an med armen, at jeg skulle følge efter.

Jeg løb så hurtigt det var muligt, for sneen nåede nu mine ankler, og vinden gjorde det svært at se, for selv om jeg var i skoven, slog vinden hårdt.

Jeg nåede aldrig tæt på rytteren, og han, måske hun, forblev en silhuet, der blev oplyst mere ved hjælp fra fuldmånens skær, selv om den var bag al den sne.

Lige som jeg skulle til at råbe: "Vent på mig" vendte rytteren sig om og pegede med armen mod højre, vinkede og satte i galop. Væk var rytter og hest.

Hjertet hoppede et par slag, og jeg gik næsten i panik, for hvad nu, nu hvor de var væk, og hvorfor armen og hånden der pegede til højre? Jeg løb det sidste, jeg kunne, for udover at min krop rystede, var jeg drivvåd fra yderst til inderst. Men pludselig anede jeg P-pladsen, lige der hvor rytteren havde peget ind holdt min bil, og der inde i den, ja der lå min mobil.

Jeg stak hænderne i lommen efter nøglerne, og åndede lettet op, da min hånd greb omkring dem. De var der. Det havde jeg egentlig ikke koncerteret mig om på noget tidspunkt. For tænk nu hvis de var faldet ud, da jeg tidligere var faldet over den stub, der lå på min vej.

I min jubel over bilen glemte jeg helt rytteren. Hvor var rytteren blevet af? Og hvem var det?

Var det tilfældigt?

Eller?

Lene Holm Hansen

Snestorm – Fuldmåne – Rytter

Jeg faldt i snak med en lidt ældre mand, der stod ved siden af mig i baren. Jeg kendte ham ikke, troede jeg, men mens vi talte sammen, gik det op for mig, at vi havde mødt hinanden for mange år siden. Dengang jeg var ganske ung, havde han og jeg været i Tivoli sammen med nogle af mine venner, og da vi var på vej hjem, spurgte han mig, om jeg havde lyst til at få en ridetur. Han boede ude i nærheden af et stutteri.

"Ridder du"? spurgte jeg ham om.

"Ja da, jeg er faktisk en habil rytter."

"Det kunne jeg godt tænkte mig at prøve" nåede jeg at sige, uden at tænke mig om. Så naturligvis sagde jeg ja tak til at få lov til en få en ridetur, da han foreslog det.

Men desværre, så langt nåede vi aldrig. Da vi kom frem til stutteriet, var vejret blevet frostklart, og månen skinnede ned på os.

Det var den smukkeste fuldmåne, så det lagde op til en rigtig romantisk aften og en romantisk ridetur, men pludselig holdt han fast på mig, trak mit hoved tæt hen til sig selv, tog fat i mit lange sorte hår og kyssede mig.

Jeg var solgt, men da vi flere timer senere skulle hjem igen, uden jeg havde prøvet at ride, altså på en hest, så var vejret blevet meget koldere, og det blev en voldsom snestorm, så vi måtte overnatte,

Mærkeligt. Det var en historie og en oplevelse, som jeg helt havde glemt.

Men skønt at komme i tanke om den igen.

Lone Rytsel

Skriv

Uafhængig – Banken - Næsvis

Uafhængig – Banken - Næsvis

Drømmen om mit helt eget selvstændige virke startede allerede i mine meget unge år, altså omkring de 22 år.

Mit helt eget solcenter, hvor jeg mødte ind hver dag. Der var nok ikke engang tænkt på poletautomatbetaling dengang. Den model der tog livet af den menneskelige service og kontakt.

Jeg ville være uafhængig, selv styre min mødetid, udstilling, udbud af produkter, priser, og selvfølgelig alt med måde, og i respekt for, at der jo skulle komme penge ind i banken, så jeg derved kunne leve af det.

Der er en stor fordel ved nutidens poletsolcentre, og det er, at her møder man ingen næsvise kunder, der er utilfredse med det ene eller andet. Det er ikke helt rigtigt alligevel, for de kan jo sende mails eller opkald på akutnummeret, for vil de brokke sig, så finder de vejen.

Næsvise kunder, jo tak dem har jeg mødt en del af, men gudskelov ikke så tit i solcenteret, det er mere ude i andre samfundslag, da sol er lig med nydelse og velvære.

Min bankrådgiver, den i pengekassen, eller på jobcenteret, altså den med en (Selvopdigtet) vigtig position, kan til tider godt have en næsvis attitude, som var de ens mor eller far for den sags skyld. Næsvis, opdragende, bedrevidende, altså virkelig prikke så meget, at jeg kan tage mig selv i at levere en næsvis attitude tilbage, og så kan vi ellers sidde eller stå der, med hver vores bagage af tidens belastninger, og føre os frem Alt imens irritationen breder sig mere og mere og vores 4 årige indre barn dukker op, og vil blande sig i de utålelige voksnes måder at håndtere livet på.

Bare fordi de vil være uafhængige.

Lene Holm Hansen

Uafhængig – Banken - Næsvis

Sofie sad i sofaen og tænkte over sit liv.

Hun havde oplevet meget, som hun havde drømt om, da hun var barn, men alligevel var tilværelsen ikke blevet helt, som hun ønskede, eller faktisk langt fra det, hun havde drømt om.

Hendes mand havde været så sød og generøs, da de var forlovede, men da hun havde sagt ja til at blive gift med ham, var det som om, han troede, han havde købt hende. Hun følte sig bundet på hænder og fødder. Hun kunne ikke længere mødes med sine veninder, og ret hurtigt efter brylluppet, fik han hende overtalt til at sige sit job op for at gå hjemme hos børnene.

Hun følte sig virkelig forkælet, for nu kunne hun nyde alle sine andre interesser, og børnene så ud til at vente på sig,

Hun opdagede også hurtigt, at hendes mand ikke ønskede at få børn, eller måske kun ønskede det, for så vidste han, hvor han havde hende. Han ringede flere gange om dagen på fastnettelefonen, som han insisterede på, de skulle have udover hendes mobiltelefon, som han også insisterede på at kende koden på, hvis hun en dag skulle have glemt koden.

Hvis hun ikke var hjemme og ikke tog telefonen, blev han rasende på hende, så på den måde blev der ikke mulighed for hende at dyrke sine interesser.

Og når han talte om børn, mente han, at børn i dag var frække og næsvise, men det skulle hans børn ikke være. Det skulle han nok sørge for.

- "Nej "– sagde hun højt ud i luften. Hun ville skilles.

Hun ville være uafhængig af ham. I morgen ville hun finde en advokat, når hun først havde besøgt banken for at se, hvordan hendes økonomiske formåen så ud.

Lone Rytsel

Skriv

Universet – Indre - Boksning

Universet – Indre - Boksning

"Jeg er træt og går til ro, lukker mine øjne 2, Gud vil du se med kærlighed til min indre leje ned" Sådan lød min aftenbøn sammen med min mor, hvis det ikke var den hel lange "Fadervor" osv. Altså.

Om hun lærte mig en kort, fordi hun ikke selv gad den lange, ved jeg ikke. Den oplysning tog hun sig med hinsides, da jeg kun var 29 år. Men i mange år havde jeg en indre konflikt med mig selv, for den Gud hun talte om, og havde fortalt mig så meget om, skabte en indre kamp inde i mig, altså en indre kamp af følelsernes indre boksning. En kamp mellem det jeg blev fortalt, og det, jeg igennem mit liv følte, var mere rigtigt.

Nogen har skabt dette univers, vi er en del af. Det kan vi godt blive enige om og lige her, hvor vi er, altså på moder jord, som hænger ude "in the middel af nowhere" og alt uden om er uendeligt, der hænger vi altså i ingenting og helt alene. Eller det vil sige, ikke i ingenting, for en energimæssig boble holder os i et fast jerngreb, og sørger for, vi er godt beskyttet. Altså så længe vi miljømæssigt passer på den jord, vi har fået fornøjelsen af at betræde for en kortere periode af dens levetid, og solen holder en passende afstand til vores jord.

Om det er Gud der skabte det hele, på de forskellige ugedage? Det tvivler min tro mig på, også selv om min mor både var kirketjener og kordegn i sit alt for korte liv. Jeg bad selvfølgelig igennem mit liv til kirkens gud, for der havde jeg ikke mødt noget andet, men da mit liv sendte mig den spirituelle vej, så mødte jeg en anden indsigt "Den højeste guddommelig intelligens" Var det denne intelligens, der havde skabt det hele? Altså for at bruge ordet "Gud", en Gud i ren kærlighed?

I mit univers og i min indre boksering, gav det mening, at det hele er skabt i ren kærlighed. Det er bare os mennesker, der ikke kan finde ud af at skabe balancen, for vi har hele tiden et ego, der blander sig, og det ego kan måske i sidste ende, forkorte menneskets levetid i dette unikke univers, som trods alt er skabt af noget. Men hvad?

Lene Holm Hansen

Universet – indre – boksning

Universet er noget underligt noget. Hvad er det egentligt?

Jeg kan bruge det som en hjælper, når jeg ikke kan finde en løsning på en udfordring. Jeg ved ikke, hvad jeg vil. Jeg kunne tænke mig det ene, og jeg kunne tænke mig det andet. Og der er konsekvenser ved begge dele, men så er det så nemt at sige til mig selv. "Jeg lader universet beslutte for mig". Jeg gør ingenting, og så løser det sig nok af sig selv.

På en eller anden vis ender det altid med, at min udfordring bliver afklaret.

Så universet er en god hjælper, og den stoler jeg måske mere på, end på mine venner og min familie, for universet kender mig bedre end dem og sikkert også bedre, end jeg selv.

Mit indre selv er ofte problematisk. Det er så utroligt besværligt. Det kan bekymre sig, også om de ting, som er så ligegyldige og får mig til at bekymre mig om noget, der aldrig bliver til noget.

Det er også mit indre, der gør, at jeg ked af det og bange.

Det er mit indre, der får mig til at fortsætte en sætning, der er så dum at tænke. Som regel.

Hvad nu hvis …

Jeg kan gøre den sætning færdig med mange ting, der kan ske.

Prøv selv.

Hvad nu, hvis det bliver regnvejr i morgen, så bliver min nye frakke våd.

Hvad nu, hvis min nabo ringer på for at låne en kop sukker, som han tit kan finde på, og jeg ikke har tid lige der og ikke kan slippe af med ham.

Hvad nu, hvis min søn kommer hjem fra boksning næste gang og er kommet til skade. Han kommer tit hjem med små skader, men hvad nu, hvis han en dag kommer hjem og har slået hovedet. Han kan jo blive hjerneskadet.

Nej, den sætning vil jeg også overlade til universet. Det er meget bedre til det, end jeg er.

Lone Rytsel

Lone Rytsel er voksenunderviser, coach, forfatter og foredragsholder.

Jeg bor i en lille landsby i Sydsjælland og har oprettet et mikroforlag og en folkeoplysende aftenskole for voksne.

Jeg er uddannet NLP-terapeut og life-coach og har arbejdet med undervisning i personlig udvikling i mere end 40 år.

Som forfatter skriver jeg selvudviklingsbøger, prosalyrik, læseletbøger og er medforfatter i 2 bøger om mental sundhed.

Jeg har blandt andet udgivet: Tænk dig til et bedre liv - Når trolde coacher - Livet har lært os. (medforfatter) - Katastrofen, en Corona kom forbi - Opmuntring i en krisetid - Kærlighedens krinkelkroge.

Jeg har en Podcast, der hedder HUSK DIT LIV, hvor jeg har interview med spændende personligheder.

Jeg har altid mange forskellige skriverier i gang.

En roman, der har været mange år undervejs.

Mine memoirer lader vente lidt på sig, men I ventetiden, er det blevet til dele af mit liv i små afsluttede tekster. På den måde, kan jeg senere beslutte mig for, hvad der skal med og hvilken synsvinkel eller tema, jeg har lyst til at arbejde med.

Jeg skriver også små tekster på 100 ord ud fra et ord, der falder mig ind i morgenbadet. Gjorde det tidligere i en hel måned hver dag, og samlede dem i en lille bog, der udkom i Coronatiden "Opmuntring i en krisetid".

Sideløbende har jeg brugt 100 ords tekster som en slags terapi. Når vi har nogle udfordringer, vi har brug for at få luft for og måske løse gennem skrivning, kommer vi let til at skrive hele romaner og måske derfor netop ikke får en forløsning. Men ved at være "tvunget" til at samle det i 100 ord, selv om det bliver mange 100 ords tekster, så bliver indholdet strammet op, mere præcist og klart.

I februar måned var der mulighed for at skrive 100 ords tekster på Facebook i det, der bliver kaldt "FebruaryFiction". Der prøvede jeg at skrive en spændende tekst hver dag, hvor historien blev afsløret den sidste dag. Det var en anderledes måde at skrive på, og jeg nød det.

Jeg er også i gang med at finde ud af, om jeg kan skrive noveller. Jeg har aldrig været så vild med noveller. Jeg føler mig snydt, fordi novellen er så kort, at jeg ikke rigtig kan nå at leve mig ind i historien, før den er slut. Men jeg har opdaget, at der kan være tidspunkter, hvor det er svært at koncentrere sig om en længere roman, så er det dejligt at kunne læse en mindre tekst.

Mød mig på Facebook og www.lonerytsel.dk samt www.sandvig-folkeoplysning.dk og lone@lonerytsel.dk

Lene Holm Hansen

Jeg blev født i 1963, og der skulle gå 50 år, før jeg fandt mit autentiske jeg. Den del af mig, som både er formidleren, frontløberen for andre, healeren, fortælleren, men også den del af mig, som bare tør gribe enhver lejlighed til at få mere viden.

Jeg havde aldrig set det komme, hvad en pen kunne udrette fra min hånd, og er åben for det, den vil bringe mig videre til.

Kan jeg, så kan du også. Det er bare et spørgsmål om at slippe kontrollen, og stole på pennen. Så længe den skriver, så er det din intuition, der skriver. Men tænker du først over hvad der skrives, så er det dit ego, som skriver.

Lad din intuition og pen skrive. Det er mit råd til dig, så rigtig god fornøjelse med din skrivning.

Jeg har udgivet: "Av for tanden da, vil du se min vipperokketand" samt kommende børnebog: "Magiske fortællinger "

Mød mig på Facebook og lwnielsen@gmail.com